AF246128

DÉCLARATION

AUTHENTIQUE

Des vrais Sans-culottes de la société populaire séante ci-devant à Aignay-Côte-d'Or, et actuellement à Beaunotte, pour se soustraire aux persécutions des Feuillantistes, Aristocrates, Modérantistes, Muscadins et Fanatiques;

ADRESSÉE

Aux Jacobins, aux Sociétés affiliées, et à tous les vrais amis de la patrie.

A DIJON,

DE L'IMPRIMERIE DE P. CAUSSE.

AN 2ᵉ.

DÉCLARATION

AUTHENTIQUE

Des vrais Sans-culottes de la société populaire séante ci-devant à Aignay-Côte-d'Or, et actuellement à Beaunotte.

———

Lorsque dans des temps moins orageux, une partie des membres de la société d'Aignay-Côte-d'Or sollicitoit avec ardeur l'épurement de cette société, par l'expulsion de l'ex-constituant Frochot, plusieurs étoient guidés par la conviction intime de la non-existence d'un patriotisme dont il affichoit l'apparence : d'autres, par le pressentiment que cet homme feroit bientôt naître dans une société de freres, des divisions funestes.

Ces conjectures, qui n'avoient paru d'abord que vraisemblables, viennent d'acquérir un degré de certitude qui ne prouve malheureusement que trop et le la légitimité de leurs craintes, et le génie fraternicide de cet homme, dont ils ont toujours redouté les malveillans efforts.

Nous regrettons bien sincérement ceux de nos freres que le caractere astucieux de Frochot, qu'une injuste prévention, qu'une intrigue adroitement machinée par ses partisans et ses apologistes, ont rendus la victime d'une erreur que nous déplorons.

Mais bientôt le temps, nos efforts et notre entier dévouement à la chose publique; de nouvelles incartades de l'homme que nous réprouvons, déchireront sans doute le voile imposteur dont il sut couvrir sa perversité : et alors, réunis à nos freres que nous chérissons, fortifiés par une confiance qui consolidera une estime réciproque, nous saurons de concert bannir de notre sein cette foiblesse, cette pusillanimité qui, depuis quelque temps, nous déshonore, et déployer cette énergie mâle, ce patriotisme ardent, qui seuls peuvent, dans ces pénibles circonstances, anéantir l'insolente audace des ennemis de notre chere patrie.

En nous séparant d'une partie de nos freres, nous ne pouvons dissimuler combien cette fatale séparation est douloureuse pour nous; elle est devenue indispensable : ce remede violent nous a paru seul capable d'arrêter les progrès d'une contagion qui, plus long-temps tolérée, eût bientôt corrompu l'esprit de tous les membres de notre société. Nos intentions sont pures; toutefois nous ne

les croyons point à couvert de la calom-
nie , qui sans doute dirigera contre nous
ses traits envenimés. Hé bien! nous
saurons prévenir ses funestes effets ; nous
saurons paralyser la langue mensongere
de l'audacieux imposteur, en exposant
à nos freres, en découvrant au public
les pressans motifs de cette pénible détermination. Vous membres de cette
société, qui vîtes se former entre nous
les liens d'une douce fraternité, ces motifs ne vous sont point étrangers ; pro-
noncez sur leur légitimité, avec le sang-
froid de la raison, avec le calme de
l'impartialité, et revenez au milieu de
vos freres ; ils sont dignes de vous, et
votre égarement passager ne vous ren-
dit point indignes d'eux. Mais si notre
courageuse naïveté, si notre doulou-
seuse et forcée détermination sont par
vous regardées comme un crime; si vous
nous sacrifiez à un homme que vous ne
pouvez estimer ; si vous lui restez irré-
vocablement attachés, forts de notre

conscience et de la pureté des motifs qui nous guident, nous saurons supporter avec courage votre défection ; nous serons contraints d'opérer le bien sans votre concours, et de nous livrer sans vous à la délicieuse jouissance de coopérer au bonheur de nos concitoyens.

La société populaire d'Aignay - Côte-d'Or déploya, dès sa formation, cette énergie, cette sévérité de principes qui lui acquirent l'animadversion de tout ce que la révolution avoit d'ennemis cachés dans le district de Châtillon-sur-Seine, et l'exposa aux persécutions ouvertes, aux sarcasmes outrageans, et à la haine de ses ennemis connus ! Fermes au sein de l'orage, les citoyens généreux qui la composoient, anéantirent les malveillans par les efforts constants d'une surveillance active et courageuse ; plus d'une fois ils déchirerent le voile de l'imposture, plus d'une fois ils firent connoître les prévarications et les entreprises contre-révolutionnaires des ennemis du peuple ! Républicains, sous le regne même du despotisme, ils solliciterent au mois de juillet 1791 (vieux style), auprès de l'Assemblée constituante le supplice du tyran qui, sur l'échafaud, a enfin payé le prix dû à ses forfaits ; ceux qui provoquerent cette pétition, ne sont pas les partisans actuels de Frochot.

Instruits de la scission des Jacobins, ils ne furent point effrayés de la liste orgueilleuse que répandirent les Feuillans, liste qui comprenoit plusieurs députés, qui jusqu'alors avoient semblé mériter la confiance du peuple ; mais qui devint le principe de leurs prévarications et le développement de leur royalisme ; les membres qui composoient la société d'Aignay déclarerent solemnellement qu'ils resteroient invariablement attachés aux Jacobins, et ceux qui provoquerent cette déclaration, ne sont pas les partisans de Frochot.

Il falloit qu'un génie malveillant ramenât parmi nous cet ex-député, pour jeter le trouble et la division où jusqu'alors l'intérêt public et une douce fraternité avoient resserré les nœuds qui nous réunissoient ; il revint, et dès-lors la paix fut bannie de notre lieu.

Du haut de son importance éphémere, il ne jeta d'abord sur la société qu'un regard dédaigneux. Si Frochot eût été un bon révolutionnaire, si Frochot eût été un sincere ami du peuple, il se fût empressé de venir au sein de la société populaire, recueillir les témoignages de reconnoissance qu'avoient mérité ses travaux constituants : mais qu'avoit-il fait ? Voyez sa lettre à Barrere, sur la défense de Mirabeau, du 9 décembre 1792.

La guerre étrangere, les dissensions allumées, enfin les perfidies d'un cœur corrompu, lui firent entrevoir la nécessité du développement des mesures révolutionnaires ; alors il sollicita l'honneur d'entrer dans la société : reçu dans cette société dont il n'étoit pas digne, ce fut lui et toujours lui qui se trouva l'objet de l'ordre du jour, par des entraves artificieusement préparées ; il sut neutraliser la pétulence républicaine qui jusqu'alors avoit dirigé la majorité ; la société ne fut plus qu'une réunion d'hommes placés là pour l'entendre et ne rien faire.

Las de cette inaction avilissante, quelques-uns provoquerent courageusement un scrutin épuratoire, qui déblayât la société du modérantisme dont elle avoit été souillée. Ce scrutin arrêté, et Frochot présumant bien qu'il devoit en être l'objet, eut recours à l'intrigue pour éviter cet échec ; il fit venir dans les tribunes sa femme, ses parens, ses amis, et de nombreux ouvriers, qu'il paie largement pour en faire ses créatures ; aidé de ce cortege, bien peu digne de l'homme loyal et innocent, peut-être aussi de la foiblesse de la majorité, il évita dans la premiere séance le sort qui le menaçoit; mais à la séance qui suivit, il fut contraint de se retirer, et par l'acceptation de sa démission éloigna cet objet de discorde.

Frochot ne dissimula plus ses manœuvres; ligué avec Genreau, maire destitué, Mignard, ex-administrateur, et Roidot-Mignard, trois vrais ennemis de la société populaire, il forma le projet de dissoudre de fait cette société. Pour cet effet on vit bientôt Frochot aussi populaire qu'il avoit été important et dédaigneux; on vit des individus équivoques se présenter, et à l'aide de ce qu'il y restoit d'hommes foibles, se glisser furtivement dans la société; on vit Frochot et les trois adhérens de ses entreprises désorganisatrices, agiter au comité de surveillance, dont ils étoient membres, et dont ils ont été destitués, la proposition de déclarer suspects six des plus ardens républicains de la société populaire.

Cette destitution arrêta les progrès du mal, 'mais ne le détruisit pas : à l'aide d'un public nombreux qui maîtrisa la société par les menaces les plus scandaleuses, qui força les patriotes, dans la séance du 20 nivôse dernier, à éviter sa fureur en s'échappant par les croisées, et sur la déclaration fortement prononcée du juge de paix, jacques Degon, *que c'étoit au peuple à faire la loi,* et qu'on devoit recevoir ceux qui se présentoient, sans examen, Genreau, Mignard, Roidot-Mignard et plusieurs autres de cette trempe, se sont violemment fait recevoir membres de la société, et se disposent même à y réintroduire Frochot : elle est maintenant digne de lui.

Vous que la passion seule du bien public peut diriger, vous ne verrez plus dans cette société qu'un rassemblement d'individus qui foulent aux pieds les principes sacrés qui servoient de base à la révolution : ce n'est plus que menaces, injures, odieuses personnalités; la liberté en est bannie; l'égalité y est méconnue, l'intrigue et l'aristocratie seules y dominent.

Nous aimons à le croire, l'erreur de nos freres ne sera que passagere, et ils reviendront à nous, ceux dont le cœur n'aura pas été profondément ulcéré par les principes qu'on professe maintenant à la prétendue société d'Aignay, et nous les receyrons en freres : déclarent en conséquence que pour se soustraire aux persécutions des Frochot, Genreau, Mignard, Roidot-Mignard et autres, dont ils furent déja les victimes, les vrais Sans-culottes sociétaires quittent momentanément la commune d'Aignay, et transferent le lieu de leurs séances à Beaunotte; invitant les Jacobins à leurs continuer l'affiliation, ainsi que les autres sociétés , et à cesser toutes correspondances avec la prétendue société d'Aignay-Côte-d'Or.

Fait à Beaunotte , le 30 nivôse , l'an second de la république française , une, indivisible et démocratique.

Signé Caillard , *président ;* Courtois , Renardet , *secrtaires ;* Panont , Michelot , Roidot-Couturier , Nourichel , Drioton , C. Malnouri , Michelot , Petot , B. Mony , J. B. Petot , Marceau.